www.ingramcontent.com/pod-product-compliance
Lightning Source LLC
Chambersburg PA
CBHW032257070726
47590CB00016B/3055